BOA
EDITIONS LTD

The World Shared: Poems

Robotnik na rusztowaniu,
drobny raster siatki

Wyjrzał przez szczelinę,
jakby dla sprawdzenia,
czy warto się rodzić,
i utknął.

A w dół
zjeżdżało
wiadro na linie
jak kropelka śluzu.

Dawid Sośnicki

The World Shared

Poems by
Dariusz Sośnicki

*Translated from the Polish
and with an Introduction by*
Piotr Florczyk and Boris Dralyuk

BOA Editions, Ltd. ❖ Rochester, NY ❖ 2014

First Edition
14 15 16 17 7 6 5 4 3 2 1

For information about permission to reuse any material from this book, please contact
The Permissions Company at
www.permissionscompany.com or e-mail permdude@eclipse.net.

Publications by BOA Editions, Ltd.—a not-for-profit corporation under section 501 (c)
(3) of the United States Internal Revenue Code—are made possible with funds from a
variety of sources, including public funds from the New York State Council on the Arts,
a state agency; the Literature Program of the National Endowment for the Arts; the
County of Monroe, NY; the Lannan Foundation for support of the Lannan Translations
Selection Series; the Mary S. Mulligan Charitable Trust; the Rochester Area Commu-
nity Foundation; the Arts & Cultural Council for Greater Rochester; the Steeple-Jack
Fund; the Ames-Amzalak Memorial Trust in memory of Henry Ames, Semon Amzalak
and Dan Amzalak; and contributions from many individuals nationwide.

Cover Design: Daphne Morrissey
Cover Art: Carl Chiarenza
Interior Design and Composition: Richard Foerster
BOA Logo: Mirko

Library of Congress Cataloging-in-Publication Data

Sosnicki, Dariusz.
 [Poems. English Selections]
 The World Shared : poems / Dariusz Sośnicki ; Translated with an Introduction by
Piotr Florczyk and Boris Dralyuk. — First Edition.
  pages cm
 I. Florczyk, Piotr, translator. II. Dralyuk, Boris, translator. III.
Sosnicki, Dariusz. World shared English. IV. Title.
 ISBN 978-1-938160-34-9 (pbk.)
 PG7178.O67A2 2014
 891.8'518—dc23
                              2013044071

Lannan

BOA Editions, Ltd.
250 North Goodman Street, Suite 306
Rochester, NY 14607
www.boaeditions.org
A. Poulin, Jr., Founder (1938–1996)

CONTENTS

TWO

THREE

INTRODUCTION

Since the 1990s Dariusz Sośnicki has come to be recognized as a singular voice in Polish poetry, bracingly fresh and yet refreshingly unaffected by the latest literary trends. This present collection, culled from the past two decades of Sośnicki's poetic activity, is a rich, sustained meditation on our shared world, which can feel at once lonely and crowded, small and boundless, immutable and forever changing. It borrows its title from the final line of his poem "Earthly Delights," which puts his peculiar gift for sensitive—perhaps loving— observation on full display. The delights range from earthy ("Three-month-old leather shoes, very solid," "Pain in the muscles after exertion / better than pain after nothing," and "Shower after traveling") to ethereal ("The green eyes of a cat, an oasis of calm / during a renovation that stretches to the horizon" and "A shadow in a window on the outskirts of the smaller city— / a woman's, from the waist up") to bathetically mundane ("The Track Changes feature in a text editor"), but they are never less than delightfully precise, even in their vagueness ("Lots of books, various").

His poems consistently open our eyes to the sublime that lingers just beneath the surface of the ordinary. A train carrying children away from their parents for a summer vacation turns into a ravenous "Monster." In "Chinese Zodiac," a meal at an Asian restaurant inspires a journey through a menagerie as outlandish as Borges's "Celestial Emporium of Benevolent Knowledge." In the gently humorous but deeply affecting "Tonerstains," a malfunctioning printer serves as a reminder of the ghosts that haunt us no matter where we find ourselves. The fact that the office workers, most of whom would rather be elsewhere, treat the machine with utmost care suggests that, despite our inherent desire for a better life, we ourselves determine our circumstances—or at least make the best of them.

There is a profound melancholy to Sośnicki's vision of the world, a quality perhaps most evident in his award-winning cycle *Marlewo*, chronicling a dreary existence in the eponymous village north of Poznań, circumscribed by three ominous markers on the land:

> To the outhouse, to the well and the trash pit—
> three narrow paths worn in the grass
>
> —you won't escape in autumn.

Remarkably, in Sośnicki's poems, this melancholy is both brought on and conquered by an unrelenting engagement with the world, by precise observation. Even when trained on the bleakest of objects in the bleakest of circumstances, Sośnicki's vision is Orphic, animating:

> How does one go down the stairs,
> older now with the unanswered door buzzer,
> the note left in the door?
>
> In a strange house the handrails
> turn their backs to me.

The answer to the question posed in this poem is not despair—it is the poem itself, which mediates between the speaker and the world around him, and brings him into a difficult but sustaining harmony with that world.

At the center of this collection is a cycle of poems that alludes to and departs from Zbigniew Herbert's famous Mr. Cogito. In this case, instead of the musings of a cool sage, readers are treated to the company of a bourgeois couple, the mysterious Mr. and Mrs. P. The play on words in the original Polish—where "Państwo" means both "mister and misses" and "country," while "P" could stand for "Poland"—is lost in translation, but the multifaceted lives of the characters still reflects the joys and defeats, both historical and contemporary, of the country as a whole. The poems are not mere rhetorical exercises, but rather artful and visceral messages sent in the direction of the world that, for better or worse, runs by recycling "our eternally young problems."

Sośnicki has recently translated W. H. Auden's late poem "Thanksgiving for a Habitat" (1965) into Polish. Although he hadn't read the poem until 2001, much of this collection resonates with the spirit of Auden's humble but proud celebration of home, "a place / I may go both in and out of." Like "Thanksgiving," Dariusz Sośnicki's work does not signal the poet's retreat from broader global concerns; on the contrary—it is a call to get one's bearings straight, to begin at the beginning, and to share one's world, "at one's discretion."

—Boris Dralyuk & Piotr Florczyk

Latarnik

Wstaję rano i świat wygląda jak Heathrow, Orly albo O'Hare.
Z lewej kawka pełna tajemnic, dołem dwa wróble, po prostu,
zewsząd jerzyki, w stadach, jak fanatyczna gwardia
jakiejś niezłomnej postaci. Port lotniczy imienia Lecha Wałęsy,
Ławica albo Okęcie. Gołąb z wypełnionym wolem,
kulejący, niewinny. Szpak z żółtym ładunkiem w dziobie, przemytnik,
ta jego małpia zdolność do języków. Tempelhof, Schönefeld,
Leipzig/Halle. Słońce odbija się od białych tablic do koszykówki
i wraca do gry w obecność, nigdy nie byłem w tym dobry,
lecz czasy się zmieniają. Gdybym był kontrolerem lotów,
chodziłbym w białej koszuli i dawał poczucie bezpieczeństwa
młodym kobietom w barze, rzecz jasna po godzinach,
co też przelatują szybko, kładąc się krótkim cieniem na zatokach kawy
z wolnocłowego sklepu. Stawałbym przed panoramiczną szybą
i myślał o tym, jak mało dzisiaj zależy od talentu i pasji
pojedynczego człowieka. Latarnik, niestety,
lecz z widokami na przyszłość.
                    Podanie o nadgodziny
leży w dolnej szufladzie, pod naszym zdjęciem z wakacji.
Na razie odrzucone, lecz skrzętnie odnotowano, jak sądzę, że jestem
    gotowy.

LIGHTHOUSE KEEPER

I get up in the morning and the world looks like Heathrow, Orly, or
    O'Hare.
On the left a jackdaw full of secrets, at the bottom two sparrows, just
    like that,
swifts everywhere, in flocks, like the fanatical guards
of some unyielding character. An airport named after Lech Wałęsa,
Ławica, or Okęcie. A pigeon with a filled goiter,
limping, innocent. A starling with a yellow load in its beak, a smuggler,
with its mimicking knack for languages. Tempelhof, Schönefeld,
Leipzig/Halle. The sun reflects off the white basketball backboards
and returns to the game of being, I was never good at that,
but times are changing. If I were a flight controller,
I'd walk around in a white shirt and give the sense of security
to the young women at the bar, after hours, of course,
which also fly by, casting a short shadow on the bays
of coffee from the duty-free shop. I'd stand in front of a panoramic
    window
and think about how little today depends on the talent and passion
of a single man. A lighthouse keeper, unfortunately,
but with views of the future.
                        A request for overtime
lies in the bottom drawer, under our vacation photo.
Rejected for now, but duly noted, I think, that I'm ready.

Ktoś od niechcenia napiera na poręcz,
czyjaś powłoka cielesna, bo reszta
jest jeszcze we śnie o czymś wyjątkowo
nie z tego świata poręczy i schodów;
no więc powłócząc ciężkimi nogami,
schodzi ten ktoś. Podczas gdy kto inny,
kogo się raczej nie uda zobaczyć,
bo jego program trwa zaledwie mgnienie,
dziurkuje ciszę, jakby był dzięciołem,
po pniu tej ciszy posuwa się szybko
i rządek śladów za każdym z dwóch dziobów
ostrych jak szpilki zostawia na chwilę.
Co piąte kroki brzmią niewiarygodnie
krzywo, niewprawnie, w końcu niebezpiecznie:
gdy się pomyśli o sile ciążenia,
twardej posadzce, wysokości schodów
i tarciu, które zmniejsza niebezpiecznie
kolonia piasku, a piasek jest wszędzie,
gdy się pamięta o kruchości kości,
to przede wszystkim właśnie niebezpiecznie.
A bardzo rzadko, chociaż nie chcę zaraz
mówić „od święta", „od wielkiego dzwonu",
bo to znaczyłoby, że raczej nigdy
albo że, z drugiej strony, stale;
więc bardzo rzadko słychać, jak ktoś schodzi
i jakby chciał się koniecznie wyróżnić,
nie znika nagle, lecz swojemu zejściu
dosztukowuje nogawki w piwnicy,
dodaje echo. Będzie z tego kompot.
Więc takie mamy typy zejść ze schodów:
zejście leniwe, jakbyś ciągnął włókę,
zejście w podskokach, nazywane ptasim,
i niebezpieczne zejście pijanego
oraz podwójne dla niechętnych światu.
I wśród podtypów, których są tysiące,
wiele jest bardzo interesujących.

FROM THE GROUND FLOOR

Someone casually pushes against the railing,
one's bodily shell, because the rest
is still in a dream about something extremely
out of this world of railings and stairs;
so dragging his heavy feet,
that someone's descending. While someone else,
who most likely won't be seen,
since his program lasts only a split second,
is hole-punching the silence, like a woodpecker,
and moves quickly along the trunk of this silence,
for a moment leaving behind a small row
of traces of the two beaks, sharp as high heels.
Every fifth person's steps sound incredibly
crooked, clumsy, and finally dangerous:
when one considers the strength of gravity,
the hard floor, the height of the stairs
and the friction, reduced dangerously
by the colony of sand, and sand's everywhere,
when we remember the fragility of bones,
then first and foremost it's dangerous.
And very rarely, although I don't want simply
to say "on special occasions," "once in a blue moon,"
for that would actually mean never
or, on the other hand, all the time;
so very rarely, one hears someone coming down
and, as if wanting to stand out,
not disappear suddenly, but rather
patch up his flood pants in the cellar,
add an echo. It will all become a compote.
So here are our types of stair descents:
the lazy descent, as if dragging a plough,
the hopping descent, called birdlike,
and the dangerous descent of a drunk
and the double, for those hostile to the world.
And among the subtypes, of which there are hundreds,
many are wondrous.

W DÓŁ

Miasto w recesji.
Miasto samobójców,
jeśli tak dalej pójdzie.
Komórek w pustych mieszkaniach.
Tego nie robi się operatorom sieci.

Na most, a potem w dół
rzeki. Wałem, bo woda podniosła się
i ścieżka w dole jest grząska,
niepewna jak nowy pracownik.
Na drugim brzegu, pod baldachimem gałęzi,
balonik wypełniony helem zdradza
niedzielną osadę. Dymki grilla.
Parkowa muszla, z której dobiega teraz
głos konferansjera, na razie na próbę.
Oswojone zwierzęta. Dzieci wpatrzone
w ojców, szczęśliwych posiadaczy noża,
wyrabiających oszczepy i łuki.

Któregoś dnia
nie pojawią się w pracy.
Dojadą tramwajami do pętli,
zostawią auta w poprzek ślepej drogi
i pójdą – najpierw ścieżką, w dół,
potem w coraz wyższej trawie,
wśród drzew, owocowych i zwykłych,
z zapasem wody mineralnej
i książką w miękkiej okładce,
z kilkoma narzędziami.

GOING DOWN

City in recession.
City of suicide,
if things stay as they are.
Of cells in empty apartments.
Not a nice thing to do to the network operators.

Onto the bridge, then down
the river. Along the levee, because the water rose
and the path below is boggy,
uncertain like the new employee.
On the other bank, under a canopy of branches,
a balloon filled with helium betrays
the Sunday gathering. Smoke from the grill.
The concert bowl emits the voice
of the emcee, still in rehearsal.
Tamed animals. Children staring
at fathers, the happy owners of a knife,
carving spears and bows.

One day
they won't show up at work.
They'll take the trams to the last stop,
leave their cars parked across the dead-end road,
and go—first on the path, down,
then in increasingly high grass,
among the trees, fruit and plain,
with a supply of mineral water
and a paperback book,
with a few tools.

1. Partly cloudy

Wysłałem książki do domu,
a potem poszedłem do biblioteki
i wypożyczyłem takie same, aby dokończyć je czytać –
przyzwoity limit, bogata biblioteka. Zaczynam się czuć
jak Mickiewicz, ciągle w drodze, bez niepotrzebnych rzeczy
w niewielkiej walizce, ale z dobrymi książkami.
I ta świadomość, że będą ze mną krótko
i może nie być okazji do powtórki,
niebezpiecznie prawdziwa. E-mail sprawdzę
w Des Moines, przydałby się Mickiewiczowi.
Wiedziałby na bieżąco, co czują jego dziewczyny.
Widzę go, jak się przedziera o świcie
do sklepu spożywczego w Łukowie, powiat Oborniki,
raczej nieogolony, w surducie, w którym przeleżał noc na kanapie;
wielkopolska przyroda odbiera mu mowę,
ale jakimś cudem pyta grzecznie ekspedientkę,
czy może sprawdzić swój e-mail.
Widzę go w Poznaniu, w cyber café na Palacza.
Nie widzę go w Rzymie, Paryżu i Lozannie.
W Berlinie tak, ale tylko Wschodnim.
Gdybyśmy się zamienili miejscami, mógłby zobaczyć mnie tutaj
albo przynajmniej zapytać o mnie Norwida.
Teoretycznie, bo Norwid sam zadał mu pytanie
i teraz radykalnie chory i absolutnie opuszczony
czeka na odpowiedź w New-Yorku.

VISIONS OF THE MIDWEST PRAIRIE

1. Partly cloudy

I mailed books home,
and then went to the library
and checked out the same ones, to finish reading them—
a decent limit, a well-stocked library. I'm starting to feel
like Mickiewicz, still on the road, without unnecessary things
in a small suitcase, but with good books.
And the awareness that they'll be with me briefly,
and there might not be a chance to come back to them,
dangerously real. I'll check my email
in Des Moines—Mickiewicz would've found it handy.
He would've known in real time what his girls were feeling.
I see him, forcing his way at dawn
to the grocery store in Łuków, in the Oborniki district,
rather unshaven, in the frock coat he wore lying on the coach through
    the night;
the natural beauty of Greater Poland has left him speechless,
but thanks to some miracle he politely asks the salesgirl
if he can check his email.
I see him in Poznań, in a cyber café on Palacza St.
I don't see him in Rome, Paris or Lusanne.
In Berlin, yes, but only the East one.
If we exchanged places, he could see me here
or at least ask Norwid about me—
theoretically, since Norwid himself asked him a question
and now, dramatically ill and completely abondoned,
awaits an answer in New York.

2. Mostly clear

Des Moines, pierwszy wieżowiec.
No i hotel, lepszy niż ten w starej stolicy.
Od upartego autobiografizmu sztywnieją mi stawy,
żółknie skóra i całymi dniami noszę w żołądku nieprzyjemny kłąb.

Gdyby go wypluć, jakby się było sową,
wyszłoby na jaw, czym się naprawdę żywię: czerwony T-shirt,
włosy, szlak drobnych ran na skórze, którym wędrują mrówki palców,
paznokcie, lewy i prawy.

Jest się sową.
Powinno się być bardziej.

Powinno się zamknąć oczy, które przestały widzieć,
i otworzyć nowe.

Gdzie indziej.
Kiedy indziej.

Lekko przymrużone
oczy dalekowidza.

2. Mostly clear

Des Moines, the first skyscraper.
Then, a hotel, better than the one in the old capital.
Stubborn autobiographicism stiffens my joints,
yellows my skin and makes me feel like I'm carrying an unpleasant pellet
    in my stomach all day.

If I spat it out, like an owl,
it would become clear what I'm living on: a red T-shirt,
hair, a trail of small wounds on the skin, traversed by the ants of fingers,
nails, left and right.

One is an owl.
One should be more so.

One should close one's eyes, which have ceased to see,
and open new ones.

Somewhere else.
Some other time.

Slightly narrowed
eyes of a farsighted man.

WYNTON MARSALIS I BOSTOŃSKA ORKIESTRA SYMFONICZNA
POD DYREKCJĄ SEIJIEGO OZAWY
WE FRANCUSKIEJ STACJI MUZYCZNEJ „MEZZO"

Cała orkiestra w T-shirtach,
studio w ciepłych kolorach obrazów Hockneya.
Kilkanaście *Byków* Pabla Picassa,
każdy trochę inny – na tym polega wariacja.

Sonata to trzy klocki w kształcie budynków,
przez pierwszy przechodzą schody,
po nich melodia się wspina do drugiego tematu.
W drugim budynku jest wiele schodów,
prowadzą w różnych kierunkach,
krzyżują się – to przetworzenie.

Wstajecie rano, jecie śniadanie,
potem w południe obiad
i kolację wieczorem.
Następnego dnia to samo
i kolejnego – to jest forma.

W szkole
macie te same lekcje w każdy poniedziałek,
we wtorek inne niż w poniedziałek,
ale za tydzień we wtorek znów wtorkowe.
Wszystko następuje po sobie
w ustalonym porządku – to jest forma.

Rodzicie się,
dorastacie,
wypełniacie formę swoich ciał,
macie dzieci. A potem w tył zwrot,
dzieci was opuszczają,
umierają wasi rodzice.

WYNTON MARSALIS AND THE BOSTON SYMPHONY ORCHESTRA
UNDER THE DIRECTION OF SEIJI OZAWA
ON THE FRENCH MUSIC STATION "MEZZO"

The entire orchestra in T-shirts,
the studio in the warm colors of Hockney's paintings.
A dozen or so of Picasso's *Bulls*,
each slightly different—that's the point of variation.

A sonata is three blocks in the shape of buildings,
the first is cut through by stairs
up which the melody climbs to the second theme.
The second building has many stairwells,
going off in different directions,
crossing each other—that's development.

You get up in the morning, eat breakfast,
then lunch at noon
and dinner in the evening.
The next day's the same
and the one after, too—that's form.

At school
you have the same classes every Monday,
Tuesday's are different from Monday's,
but in a week Tuesday's classes are on Tuesday again.
Everything follows
in a fixed order—that's form.

You're born,
grow up,
fill up the form of your bodies,
have children. And then it's about-face,
your children leave you,
your parents die.

A wszystko przy dźwiękach muzyki,
która staje się coraz dzicksza,
choć poznaliście także dodekafonię i aleatoryzm
i nic was nie powinno zaskoczyć.

Ale ona jest dzika,
wystaje zewsząd,
zarasta wszystko.

Nawet największe
stado byków
nie umie jej przerobić.

And all of it happens to the sounds of music,
which grows wilder and wilder,
even though you've also discovered dodecaphony and aleatoricism
and nothing should surprise you.

But the music is wild,
protruding from everywhere,
overgrowing everything.

Even the largest
herd of bulls
can't rework it.

POTWÓR

Pociąg, którym wracałem
przez wielką równinę,
mówię ci, to był potwór
z napęczniałym brzuchem.

On miał leże w Puławach,
żerował w Warszawie;
dzieci go pozdrawiały,
a on je połykał.

Teraz bawią się razem
chłopcy z blokowiska,
dziewczynki z zapałkami,
eskulap z palestrą.

Rodzice im zdążyli
wrzucić po zabawce,
są chomiki w akwarium,
playStation i klaser.

Coraz starsi rodzice,
tęsknota ich trawi,
teraz oni przychodzą
pozdrawiać podróżnych.

I na zegarki patrzą
w ciemnych okularach,
i palą, i nie wiedzą,
że się już nie pali.

Aż podniesie kotwicę
lodołamacz „Smutek".
Ruszy Letnia Szkoła
Wspólnego Języka.

Monster

The train, which I took back
across the great plain,
I tell you, it was a monster
with a swollen belly.

It had a lair in Puławy,
ravened in Warsaw;
children greeted it
and it swallowed them.

Now they're playing together—
the boys from the blocks,
the girls with matches,
Aesculapius in a palaestra.

Their parents have managed
to toss each one a toy:
hamsters in an aquarium,
a PlayStation, and a stamp album.

The parents are getting older,
longing consumes them,
now it's they who come
to greet the travelers.

They look at their watches
through dark glasses,
and would like to light up,
but where's the fire?

Until the icebreaker *Sadness*
weighs anchor.
Until the Summer School
of Common Language begins.

Byłem tam, wiem, co mówię,
to był gruby potwór –
pociąg, którym wracałem
przez wielką równinę.

I was there, I know what I'm saying,
it was a thick monster—
the train, which I took back
across the great plain.

CHIŃSKI ZODIAK

Na czerwonej tacy, na której mu podano
kurczaka w warzywach, ryż i pepsi-colę,
znalazł nową ofertę. Nie jest zaskoczony,
słyszał o dziwactwach orientalnych kuchni.

Kogut był w dzieciństwie prawdziwym wyzwaniem,
jedyny wojownik; wolał go omijać,
przechodząc przez podwórze bez hełmu z koszyka
i kija od szczotki. Jako przywiązany
pies się raczej nie liczył. Nie mówiąc o świni
uwięzionej w chlewie. Gardzi takim rewanżem.

Czytał *Naszą szkapę* i *Łyska z pokładu Idy*,
tyle razy obejrzał serial o Karino –
żaden wąż go nie skusi do zjedzenia konia.
Owca powinna stanowczo pozostać przy życiu
i zmazać grzech zaniedbania swojej starszej siostry,
biorąc na grzbiet zająca, który ma kłopoty.

Kto chce mieć małpi rozum, niech je wołowinę.
Tygrysa nie ruszy przez wzgląd na swego kota,
szczur nie chce mu przejść przez usta nawet w tamtą stronę,
ale smok? Jak najbardziej! Smoka by spróbował.

CHINESE ZODIAC

On the red tray, on which he was served
chicken with vegetables, rice and Pepsi-Cola,
he found a new offer. He's not surprised,
having heard about the eccentricities of oriental cuisine.

The rooster was a real challenge in childhood,
the only true fighter; he preferred to avoid it,
passing through the yard without a basket helmet
and a stick from the brush. Chained-up,
the dog didn't really count. Not to mention the pig
trapped in the pigsty. He loathes such revenge.

He read *Our Old Nag* and *Baldy from Ida's Mine*,
watched the show about Karino many times—
no snake will tempt him to eat a horse.
The sheep should definitely stay alive
and expiate her older sister's sin of neglect
by carrying the rabbit, who has troubles, upon her back.

Whoever wants to go ape, should eat beef.
The tiger won't be touched for the sake of his cat,
the rat won't pass through his mouth, in either direction,
but the dragon? Absolutely! He'd love to try dragon.

ROBOTNIK NA RUSZTOWANIU, DROBNY RASTER SIATKI

Wyjrzał przez szczelinę,
jakby dla sprawdzenia,
czy warto się rodzić,
i utknął.

A w dół
zjechało
wiadro na linie
jak kropelka śluzu.

A Worker on a Scaffold, a Minor Raster of the Debris Netting

He looked out through the slit,
as if to check
whether it's worth being born,
and got stuck.

And down
went
a bucket on a rope
like a droplet of mucus.

TRZY GAWRONY

(główny, dwa liniowe)
zajęły szczyt niedokończonej
budowy i mówią:
folia schodzi płatami
z grzbietu tego zwierzęcia w dole,
wiatr je podrzuca jak uszy spaniela w biegu
i widzimy żebra;
niech świat nie udaje Greka!
Każdy ma w sobie kościotrupa,

a śnieg to skrzep,
a nie cukier puder.

THREE ROOKS

(the head and two linesmen)
took over the top of the unfinished
building and said:
the plastic falls in sheets
from the back of that animal at the bottom,
the wind tosses them like the ears of a spaniel on the run
and we see the ribs; .
let the world not play dumb!
Everyone has a skeleton inside him,

and the snow is a clot,
not powdered sugar.

WIERSZ PRZECIW PIENIĄDZOM

To, co się tutaj dzieje
i nad czym nie umiem ciągle zapanować
(cieknący kran, jakiś pies idiota pod oknem),
to przez pieniądze.

Nie starczyło ich, abym mógł
do ciebie pojechać.

Poem Against Money

What goes on here
and what I cannot always control
(the dripping faucet, some idiot dog under the window),
is all due to money.

There isn't enough to be able
to visit you.

Mysz w wiadrze

Nie wierzę, że wpadłaś tutaj z własnej winy
ani że cię upuścił jakiś ptak koszykarz.
To za to, że ukryłem resztę swoich rzeczy
i to rzucanie w szyby przestało mnie budzić.

Nie myślę, aby w studni gnił ktoś z twej rodziny,
ale mogę jeść śnieg, póki leży. Z myciem
będzie przez trochę jak w ciemnym dzieciństwie,
gdy kryłem twarz w mydlinach po silniejszym bracie.

Odpinam żerdź żurawia i niosąc cię, myślę,
że miałaś swe pięć minut – pięć, bo jesteś mniejsza;
wrzucam cię między śmieci i powoli wracam,
wiadro dla dezynfekcji zostaje na mrozie.

Parę dni mnie nie było, więc ściany w pokoju
zużyły wszystek tlen. Podchodzę do okna i
wietrząc, palcem na szybie szyfruję bez klucza:
„pierścień okrążenia nagle się zacisnął".

A Mouse in a Bucket

I can't believe you fell in here by your own fault
or that some bird basketball player has dropped you.
It's payback for my putting away the rest of my stuff
and that tapping on windows that no longer wakes me.

I don't think any of your relatives is rotting in the well,
but I can eat snow, as long as it's here. Washing
will be like it was during my dark childhood,
when I hid my face in the soapy water left by my stronger brother.

I detach the rod from the pump and, carrying you, think
that you've had your five minutes—five, because you're smaller;
I throw you between the trash and slowly come back,
leaving the bucket for the cold to disinfect.

I was gone a few days, so the walls in the room
used up all the oxygen. I walk over to the window and
airing out, I encrypt, with my finger on the glass, without a code:
"The ring of encirclement has suddenly tightened."

MARLEWO

Zimą, gdy mróz przenika przez ściany,
otwory w swetrze i skórę,
nie uciekniesz stąd,
choć miasto nawołuje najgłośniej.
Ani wiosną. A ona zbudzi wiejskich włamywaczy,
potem komary
i przejdzie na koniec w najsurowsze – lato.
Jesienią wilgoć w kątach,
za szafą, za tapczanem sypiące się farba i tynk,
smród, od którego boli głowa.

Do latryny, pod studnię i dół ze śmieciami,
trzy wąskie ścieżki wydeptane w trawie –

nie uciekniesz jesienią.

Marlewo

In winter, when frost penetrates the walls,
the holes in one's sweater and skin,
you won't escape from here,
although the city calls out the loudest.
Nor in spring. While spring rouses the village burglars,
then the mosquitoes,
and finally turns into the harshest—the summer.
In autumn there's moisture in the corners,
behind the cabinet, behind the daybed shedding paint and plaster,
a stench that gives you a headache.

To the outhouse, to the well and the trash pit—
three narrow paths worn in the grass

—you won't escape in autumn.

Deszcz. Pytanie retoryczne

Noc. Pogasły światła na ulicy.
Słychać psy sąsiadów
i krople deszczu uderzające
o dno cynkowego wiadra.

Wyprałem spodnie – jeszcze mokre
trzeba je było zdjąć ze sznura
i przenieść do kuchni.
Teraz czytam wiersze Cwietajewej.

Czyja to wina, że nic w nich
nie mogę znaleźć? Cwietajewej?
Moja? Czy może twoja,

właścicielko magnetofonu,
z którym jadam kolację i sypiam?
Gdzie jesteś?

Rain. A Rhetorical Question

Night. The houselights went out.
One can hear the neighbors' dogs
and drops of rain striking
the bottom of a zinc bucket.

I washed my pants—still wet
they had to be taken off the clothesline
and brought into the kitchen.
Now I'm reading Tsvetaeva's poems.

Whose fault is it that I can't
find anything in them? Tsvetaeva's?
Mine? Or maybe yours—

you, the owner of the tape player
with which I dine and sleep?
Where are you?

Zimą, na trzy godziny przed świtem
nawołują się na przedmieściach
jak wilki, pociągi z nocą
opuszczoną do połowy masztu.

Okna domu naszego tak nisko,
otwarte okiennice i wiatr
lekko uderza o ścianę
skrzydłami z pogiętej blachy.

Wolno trawi deski podłogi
wilgoć i czuć w powietrzu
woń gnijącego drewna,
a ubrania stają się cięższe.

Ogrzewamy strzępy pościeli
i ciała przy stygnącym piecu.

In Winter, Three Hours Before Dawn

In winter, three hours before dawn,
they're calling to each other in the suburbs,
like wolves, trains and the night
lowered to half-mast.

Our house's windows so low,
the shutters are open and the wind
strikes the wall lightly
with twisted metal wings.

The floorboards are slowly digested
by moisture and the air is filled
with the smell of rotting wood,
and clothes are growing heavier.

We're heating shreds of bed sheets
and bodies beside the cooling oven.

Pan P. wyznaje: Nie jestem miejskim partyzantem

Nigdy nie byłem miejskim partyzantem.
Pierwsza godzina w barze to dla mnie udręka,
kolejne rzadko pamiętam. Ubrania służą mi do okrywania
ciała, napojami gaszę pragnienie.

W kwestii seksu mam do powiedzenia niewiele –
tak, jestem niesprawiedliwy wobec własnych myśli
i niech tak może zostanie. Widziałem parę filmów,
żaden nie wydał mi się dość dobry, podobnie

było z płytami, na wystawy chodzę w sobotę.
Tylko weekendowe wydania gazety,
jeden tygodnik na tydzień, trzy czwarte miesięcznika.
Sprawy osobiste względnie uporządkowane.

W polityce zawsze po stronie opozycji,
w futbolu za napastnikami. Żadnych napisów na koszulkach.
Okulary słoneczne prędzej włożyłbym sobie w tyłek
niż na głowę, bardzo przepraszam.

Życie nie musi sprawiać mi przyjemności,
sam na nie zapracowałem. Cisza wcześnie rano
we własnym mieszkaniu. Przedział drugiej klasy
w pociągu na przedmieściach, wieczorem, ze mną w środku.

Łóżko, sprawny prysznic. Oczywiście tanio.

Mr. P. Confesses: I'm Not an Urban Guerrilla

I've never been an urban guerrilla.
The first hour in the bar is torture for me,
I rarely remember the ones after. I use clothes for covering
my body, drinks for quenching my thirst.

About sex I've got very little to say—
yes, I'm unfair to my own thoughts
and perhaps that's for the best. I've seen a few films,
none seemed good enough, and the same

goes for records; I attend exhibitions on Saturday.
Only the weekend edition of the newspaper,
one weekly per week, three-quarters of a monthly.
My personal affairs are fairly in order.

In politics, always on the side of the opposition,
in soccer, always behind the forwards. No slogans on the T-shirts.
I'd sooner stick sunglasses up my ass
than on my head, excusez-moi.

Life doesn't necessarily have to give me pleasure,
I've earned it myself. Early morning silence
in my own apartment. Second-class compartment
on the suburban train, in the evening, with me inside.

A bed, a working shower. Cheap, of course.

Państwo P. i pojazdy mechaniczne

Akcja „Znicz" jak co roku
nie zostawiła złudzeń: polskie drogi
to nie jest dobre miejsce
dla szanujących dar życia.

Pośród sprawców i ofiar,
podchmielonych i urżniętych w trupa,
sunących bez świateł mijania
w koleinach narodowego fatum – oni nie są u siebie.

Statystyki spychają ich
na coraz węższy margines, dzieci
patrzą na nich z politowaniem.
Przyjaciele zachwalają gazową broń,

która w razie stłuczki ostudzi
zapędy nazbyt krewkiego kierowcy
i pomoże wyegzekwować od niego
numer ubezpieczenia.

Patrząc na pogrążone w żalu
rodziny, które nie zdążyły nawet
zmyć naczyń po suto zakrapianej kolacji,
myślą: „Jeszcze nie teraz".

Stoją u progu świata,
w którym tramwaj jest zawalidrogą,
i odmawiają wejścia. Nie chcą
liftingu mapy i języka,

na stację benzynową będą dalej chodzić
nocą po zakupy, nie będą
używać słów „jednokierunkowa"
oraz „zakaz wjazdu". To postanowione.

MR. AND MRS. P. AND MOTOR VEHICLES

The annual action "Votive Candle," as usual,
left no illusions: Polish streets
aren't the place for those
who respect the gift of life.

Among the perpetrators and victims,
buzzed or wasted to the bone,
gliding without their blinkers on
in the ruts of the national fate—they're not at home.

The statistics are pushing them aside
to the narrowing margin, children
look at them with pity.
Friends tout gas handguns

that, in the event of a collision, will cool
the impulses of a too-hot-tempered driver
and help get him to produce
his insurance information.

Looking at the grief-stricken
families, who didn't even have a chance
to wash the dishes after a boozy dinner,
they think, "Not now."

They stand at the threshold of the world,
in which the tram is an obstacle,
and refuse to enter. They don't want
a facelift of the map or the language,

they will continue to visit the gas station
shop at night, they won't use
phrases such as "one way"
and "exit only." That's decided.

Rzecznik Komendy Głównej
przyjmuje tę decyzję ze zrozumieniem.
Banki przechodzą na łagodną formę perswazji,
która jest obliczona na efekt

w długim horyzoncie czasowym.

The Police Headquarters spokesman
accepts this decision with understanding.
Banks turn to a mild form of persuasion,
which is calculated to have an effect

over the long term.

Państwo P. i smutek zwierząt

Starego zoo nikt nie ruszy. Powodem są szczury.

— anonimowy internauta

Tyle razy tam byli. W dzieciństwie
swoim i dzieci. I teraz jakieś kolejne dzieci
chciałyby pójść tam z nimi. Już ich trzymają za rękę
i ciągną pod żelazną bramę,

za którą nawet praca nie daje
wolności. Miniaturowy rząd i uprząż
ozdobiona wstążkami zamiast krat i mosiężnej tabliczki –
kuce bezmyślnie wpatrzone w ziemię

nie dostrzegają różnicy. Zebry
tłoczą się na gomułkowskim wybiegu,
brudne bociany stoją na jednej nodze, a kiedy zmierzch
podchodzi do tacy z resztkami jedzenia,

najchętniej podniosłyby drugą.
Władza przymyka oko na to,
co się tu dzieje. Ta chwiejna równowaga,
tłumaczy zaufanym, jest mimo wszystko sukcesem.

Dzielnica sypia spokojnie, z rzadka
budzona krzykiem przerażonego zwierzęcia.
Dzień, z głośną publicznością, światłem i pielęgniarzem
w wysokich butach ze skóry,

dla zwierząt jest wybawieniem. Chętniej
pozują do zdjęć i dają się karmić śmieciami.
Gdzieś na obrzeżach miasta, w jego zielonych płucach,
w dolinie czystego strumienia,

rdzewieją obszerne klatki.
Na nieskończonych wybiegach
kot łowi własny ogon. I żona naczelnika
rozkłada tłuste uda przed majestatem słońca.

MR. AND MRS. P. AND THE SADNESS OF ANIMALS

Nobody will touch the old zoo. Because of the rats.
—anonymous Internet user

They've been there so many times. In their childhood
and that of their children. And now some other children
would like to go there with them. They grab their hands
and drag them to the iron gate,

beyond which even work doesn't
set one free. A miniature horse tack and a harness
adorned with ribbons instead of iron bars and a brass plate—
the ponies staring vacantly at the ground

don't notice the difference. The zebras
crowd in the cramped paddock,
the soiled storks stand on one leg, and when dusk
aproaches the tray of leftover food,

they'd gladly raise the other leg, too.
The authorities turn a blind eye
to what happens here. This wobbly equilibrium,
they explain to their confidants, is nonetheless a success.

The district sleeps peacefully, rarely
awakened by the screams of a frightened animal.
Day, with the loud crowds, the light and the caretaker
in tall leather boots,

spells salvation for the animals. They're glad
to pose for pictures and be fed junk.
Somewhere on the outskirts of the city, in its green lungs,
in the valley with a clear stream,

the huge cages rust away.
A cat chases its own tail
along the endless paddocks. And the director's wife
spreads her fat thighs before the majesty of the sun.

Alfabet pana P.: Etos czytelniczy

Czego się w naszym domu nie robi, aby go podtrzymać:
Thoreau pod choinkę, Kropotkin do poduszki. Jesteśmy naprawdę
    szybcy.
Papież to przy nas nie do końca papież, choć wzięcie się za bary
z Aleksem Fergusonem byłoby chyba bardziej miarodajne,

przepraszam, z sir Aleksem. Powiedzmy to sobie szczerze:
pomiędzy *Encyklopedią dinozaurów* a *Wielką Księgą Teraźniejszości*
rozciąga się przepaść. Studnia bez dna i czarna dziura,
w której znikają bez śladu wszystkie nasze starania.

Kiedy tak nad nią stoimy, trzymając się za ręce,
musimy wyglądać jak rodzice z czytanki.
Oto przebyli siedem gór i rzek w odświętnych ubraniach
w nadziei na audiencję u Czarnoksiężnika z Oz albo Królowej Tatry,

gdyż wszelkie ludzkie sposoby na obudzenie w synu uczucia do litery
beznadziejnie zawiodły. W rzeczy samej, jesteśmy rodzicami z czytanki,
choć jest to czytanka po przejściach, z tłustą plamą na okładce,
kleksem i zagiętymi rogami. Przynajmniej raz na tydzień

abecadło z hukiem wali się na podłogę,
bo w piecu aż buzuje od adrenaliny. Jest wtedy dobra okazja,
by przyjrzeć mu się od kuchni: *A* ma problem alkoholowy,
B prowadzi podwójne życie i wkrótce urodzi bliźniaki, lecz nie wiadomo
    komu,

Z myśli, że kończy się na nim świat.

ALPHABET OF MR. P.: THE ETHOS OF READING

Oh, the things we do in our home to sustain it:
Thoreau beneath the Christmas tree, Kropotkin till bedtime. We're
    really hip.
We're holier than the pope himself, but to wrestle
with Alex Ferguson would probably be more reliable,

I'm sorry, with Sir Alex. Let's face it:
between *The Encyclopedia of Dinosaurs* and *The Great Book of the Present*
lies a gap. A bottomless pit and a black hole,
in which all our efforts disappear without a trace.

As we stand over it, holding hands,
we must look like the parents from a children's book.
Here they've crossed seven mountains and rivers in their Sunday best,
hoping for an audience with the Wizard of Oz or the Queen of the Tatras,

since all human means of arousing a feeling for letters in their son
have failed hopelessly. In fact, we are the parents from a children's book,
although the book's been through a lot, with a greasy stain on the cover,
an inkblot and dog ears. At least once a week

the ABC collapses with a thud to the floor,
because the oven crackles with adrenaline. That's a good opportunity
to look at it up close: *A* has an alcohol problem,
B leads a double life and will soon give birth to twins, but it's unclear
    whose,

Z thinks it's the be-all and end-all.

ALFABET PANI P.: STÓŁ

A jednak stół udało się ocalić.
Port, do którego zawijają wszyscy
samotni żeglarze mórz północnych
i południowych.

Poziom usług świadczonych przez portową kuchnię
pozostawia wiele do życzenia: trzy rodzaje makaronu
z sosem, kotlet rybny, mizeria,
ale żaden z marynarzy nie ma
mi tego za złe.

Przy stole można rozmawiać.
Grać. Czytać. Studiować mapy.
Dokonywać drobnych napraw, na przykład
zszywać stargane żagle. Dzisiaj czytamy.
Z pamiętnika poznańskiego nauczyciela.
Łzy nam się cisną do oczu,
gdy schorowany Michaś ugina się pod ciężarem
niemieckich książek w tornistrze.
„To tak jak ja", żartuje jeden z marynarzy.

Więc jednak stół udało się ocalić.
W niedzielę jest salą odpraw,
pod biurkiem czai się szczur.
Od poniedziałku do piątku poczekalnią,
wiatr z kąta w kąt przerzuca pomarszczoną gazetę.
W piątek znowu portem,
mewy nad nim kołują, słońce odbija się w wodzie.

Alphabet of Mrs. P.: Table

And we managed to save the table after all.
The port of call for every
lonely sailor of northern
and southern seas.

The level of services provided by the port kitchen
leaves much to be desired: three kinds of pasta
with sauce, a fish cutlet, cucumber salad,
but none of the sailors holds
it against me.

We can talk at the table.
Play. Read. Study maps.
Make minor repairs, for example,
sew torn sails. Today we're reading.
"From the Diary of a Poznań Tutor."
Tears well up in our eyes,
when sick Michaś bends under the weight
of the German books in his satchel.
"It's just like me," jokes one of the sailors.

So we managed to save the table after all.
On Sunday it is the hall of briefings,
a rat lurking under the desk.
From Monday to Friday it is the waiting room,
wind tossing a creased newspaper from corner to corner.
On Friday, the port again,
gulls circling above it, the sun reflected in the water.

Szuflada w końcu się urwie. Za dużo jest tych toreb,
foliowych siatek na zakupy, reklamówek nie reklamujących niczego.
Po co je wszystkie zbierać, jeden kot, i to mały,
korzystający z kuwety cztery razy dziennie,
jedno wiadro na śmieci tej manii nie uzasadnią.

Ledwie uchyli szufladę, od razu z niej wychodzą.
Grzyby na poklatkowym filmie.
Tylko patrzeć, a strzeli pierwsza purchawka
i kuchnia się zasnuje kawałkami folii
jak pewna wieś za Kutnem, nad którą od zachodu
góruje pryzma śmieci: Wiatr z niej wyrywa co lotniejsze kawałki
i toczy na wschód po polach. Miej się na baczności, Warszawo,
twoja szuflada także pęka już w szwach.

Ta przezroczystość trochę jednak krępuje:
wiadomo, chleb, sery, woda mineralna, „Gazeta Wyborcza",
ale alkohol stwarza już problemy. Zwłaszcza mała butelka
żołądkowej gorzkiej, zapowiadająca raczej
intymną przygodę przed telewizorem niż huczne przyjęcie
albo romantyczną kolację we dwoje, przy świecach,
których jako żywo w torbie nie widać. Samotność jest na indeksie
i wabi drapieżniki polujące stadem. Miejcie się na baczności, samotni.

Dzieci dopadają siatek niczym pisklęta dzioba matki
i pytają, co im kupiono. Dostają snickersa i żelki,
by zniknąć w czeluściach pokoju dziecinnego.
Z punktu widzenia ludzkiej cywilizacji scena niezbyt jest budująca,
ale wynalazek słodyczy z pewnością warto pochwalić.

I dobrze jest kątem oka widzieć, że siatki są pełne,
myśli pan P. nad atlasem. Usłyszeć, jak ciężko opada na kuchenny stół
to nic, na które jak zwykle wydałaś pięćdziesiąt złotych.

ALPHABET OF MR. P.: SHOPPING BAG

The drawer will finally break. There are too many of these bags,
plastic shopping bags, promotional tote bags that promote nothing.
Why collect them all—one cat, and small at that,
who uses the litter box four times a day,
and one trash can won't justify this mania.

He barely opens the drawer and they come mushrooming out.
Fungus in time-lapse footage.
Just watch, and the first puffball will burst
and pieces of foil will cover the kitchen
like a certain village past Kutno, with a pile of garbage
towering to the west of it: The wind tears from it the airiest pieces
and carries them east over the fields. Beware, Warsaw,
your drawer is already bursting at the seams.

This transparency, however, is a bit uncomfortable:
obviously, bread, cheeses, mineral water, *Gazeta Wyborcza*,
but alcohol is already creating problems. Especially a small bottle
of Gorzka Żołądkowa, heralding an intimate adventure
in front of the TV rather than a grand party
or a romantic dinner for two, with lit candles,
which, for the life of me, I can't see in the bag. Loneliness is blacklisted
and attracts predators that hunt in packs. Beware, you lonely ones.

Children grab for a bag as chicks grab for their mother's beak,
asking what's in it for them. They get a Snickers bar and jellies,
so as to disappear into the depths of the children's room.
From the standpoint of human civilization this scene isn't too
    comforting,
but the invention of sweets certainly deserves praise.

And it's good to see, out of the corner of one's eye, that the bags are full,
thinks Mr. P., bent over the atlas. To hear how heavily it falls onto the
    kitchen table—
that nothing on which, as usual, you spent fifty zlotys.

Alfabet pana P.: Buty
albo Głos pana P. w sprawie olimpiady

Jakże daleką drogę przebyłem
od chińskich trampek i zamszowych szczurów
firmy „Radoskór" aż po solidny produkt
pewnego doktora z Wysp, nie Jekylla
ani Dolittle'a.

Szedłem w zasadzie boso.
Omijając kałuże, rozbite butelki,
kamienie. Twarz miałem nieruchomą jak fakir.
Albo jak syberyjski pustelnik, co w łapciach z łyka
poluje na gronostaja.

Słońce wschodziło ponad witrynami
liderów rodzimego rynku.
On rósł w oczach i zmieniał się
jak w kalejdoskopie. Ale ja szedłem naprzód,
wiedziony jasnym przeczuciem,

jednym z dwóch,
trzech może, jakie wtedy miałem.
I tak zostało do dzisiaj, gdy w końcu mogę usiąść
na stołku do przymierzania, ale nie muszę przymierzać,
choć jeśli ufać sprzedawcy,

z tyłu jesteśmy nie do odróżnienia.
Program lojalnościowy
powinien nas teraz objąć
silnym ramieniem rabatu i poprowadzić
do kina albo już na wódkę. A potem ruszymy

z powrotem, gładkimi ulicami,
w przyszłość zaplanowaną
z dalekowschodnią precyzją.
W butach złożonych przez dzieci
wytwórców tamtych trampek, bo wszystko

Alphabet of Mr. P.: Shoes
or the Opinion of Mr. P. on the 2008 Olympics

Oh, how far I've come
from Chinese sneakers and suede loafers
made by "Radoskór" to the solid product
of a certain doctor from the British Isles, not Jekyll
or Dolittle.

I walked basically barefoot.
Avoiding puddles, broken bottles,
stones. My face was still, like a fakir's.
Or like the Siberian hermit's who, in bast sandals,
hunts ermine.

The sun was rising over the window displays
of the domestic market leaders.
The market rose before our very eyes and changed
like the wind. But I pressed on,
led by a clear presentiment,

one of the two,
maybe three, I had back then.
And so it was until today, when I can finally sit down
on a stool for a fitting, though I don't have to see if the shoe fits,
since if I'm to trust the seller,

seen from behind, we're indistinguishable.
The loyalty program
should now embrace us
with the strong arm of a discount, and lead us
to the movies or out for a drink. And then we'll go

back, along smooth streets,
into the future planned
with far eastern precision.
In shoes put together by the children
of the manufacturers of those sneakers, since everything

zostaje w rodzinie. Części dostarczył, rzecz jasna,
nasz dobry rodzinny doktor.

stays in the family. The parts were provided, of course, by our good family doctor.

ALFABET PANA P.: JESIONKA

Tej pory roku już nie ma.
Globalne ocieplenie
zrobiło swoje i jeśli
ktoś za dwadzieścia lat wspomni

słowo jesionka, to tylko
filolog albo historyk.
Koncerny odzieżowe
jak jeden stają na rzęsach,

by nam zamydlić oczy,
lecz w końcu muszą się poddać,
taka jest kolej rzeczy.
Może byś wzięła raz udział

w modelowaniu świata,
zamiast się potem w mozole
do niego przystosowywać?
Kupimy ci coś na zimę,

a przez październik przejdziesz
w jasnym komplecie z Allegro.
Tyle co do tramwaju,
z tramwaju i na spacer.

Alphabet of Mr. P.: Autumn Coat

This season is no more.
Global warming has done
its thing and if in twenty
years someone recalls

the term "autumn coat," it will
be a philologist or a historian.
Apparel companies do
everything they can

to pull the wool over our eyes,
but have to give up in the end,
this is the way of things.
Maybe you should take part

in the modeling of the world,
instead of toiling later
to adapt to it? We'll buy
you something for the winter,

but you'll make it through October
in a light outfit from eBay.
You only go to the tram,
from the tram, and on a walk.

Dlaczego polskie dziewczyny zdejmują buty w pociągu
i kładą nogi na siedzeniu naprzeciw? Dlaczego wciskają je między kolana
tego chłopaka w szortach, niezbyt sympatycznego Węgra albo Niemca,
z którym połączyła je chemia ciała i kilkadziesiąt angielskich słów?

Dlaczego nie odpowiadają na nasze polskie dzień dobry,
kiedy wchodzimy do przedziału, a gdy chwilę potem
pociąg przekracza granicę, szybko podają celnikowi swój paszport
z orzełkiem i uparcie wypatrują czegoś za oknem?

Nie składaliśmy nauczycielskiej przysięgi Hipokratesa,
ale zawsze jesteśmy gotowi udzielić bliźniemu pomocy:

Duże piersi to nie wszystko.
Fatalne położenie geopolityczne kosztowało nas wiele,
ale to w tym języku pisali Gombrowicz i Lem, każdy trochę inaczej.
Kiedy już twój Węgier rzuci się z okna albo zażyje truciznę,
a Niemiec pogrąży się w piwie, futbolu i pornografii, zatęsknisz za
     krajem,

gdzie kruszynę chleba
podnoszą z ziemi przez uszanowanie.

Tym krajem.

Mr. and Mrs. P. and Anti-Wanda

Why do Polish girls take off their shoes on the train
and put their feet up on the seat in front of them? Why do they squeeze
    them in
between the knees of that boy in shorts, a none too nice Hungarian or
    German,
to whom they are bound by body chemistry and a few dozen English
    words?

Why don't they respond to our Polish "good morning,"
when we enter the compartment, and then, a moment later,
when the train crosses the border, quickly hand their passports with the
    eagle
on the cover to the customs officer, and stubbornly watch for something
    outside the window?

We did not take the teacher's version of the Hippocratic Oath,
but we're always ready to come to our relative's aid:

Large breasts aren't everything.
We've paid dearly for our disastrous geopolitical situation,
but Gombrowicz and Lem wrote in this language, each slightly
    differently.
Once your Hungarian throws himself out the window or swallows
    poison,
and the German submerges himself in beer, soccer and pornography,
    you'll long for a country

where a bread crumb
gets picked up from the pavement out of respect.

For this country.

Alfabet pani P.: Rośliny doniczkowe (w grudniu)

Sawanna parapetów.
Niewiele mi zostało
z rajskiego *know-how*.

ALPHABET OF MRS. P.: POTTED PLANTS
(IN DECEMBER)

Savannah of windowsills.
Not much is left
of the paradise *know-how*.

PAŃSTWO P. I CENA CUKRU

Jest maj, wracają z kina,
pieszo na przystanek, ulice są niemal puste,
nie ma chrabąszczy pod latarniami, tylko wściekłe meszki,
nowy szczep pozbawiony pamięci i zasad.

Wszyscy odeszli, aktorzy, widzowie. I na Czerwonym placu
parada dobiegła końca. Kilka łaciatych pojazdów
nie wróciło na noc, jadą dalej, do Kaliningradu.
I znowu kontur kraju, znowu kręgi.

Pod kościołem świętego Stanisława Kostki
robią zdjęcie małym powstańcom, długi weekend na Żoliborzu.
Rosjanie zostali za Wisłą, będą bronić Jarmarku Europa.
W kieszeniach kulka haszyszu i żelazny zapas nasion *Beta vulgaris*.

Dzień wita ich obwieszczeniem w sklepowej witrynie:
kilogram cukru złoty dziewięćdziesiąt.

Mr. and Mrs. P. and the Price Of Sugar

It is May, they're returning from the movies,
walking to the bus stop, the streets are almost empty,
no beetles gather under the streetlights, only furious flies,
a new strain deprived of memory and principles.

All gone—the actors, the audience. And in Red Square
the parade has ended. A few camouflaged vehicles
have not returned at night, going on instead to Kaliningrad.
And again the country's contours, again the circles.

In front of the St. Stanislaus Kostka church
they're taking pictures of the little insurgents, a long weekend in
    Żoliborz.
The Russians stayed across the Vistula, to defend the Jarmark Europa.
Pockets stuffed with a ball of hashish and an emergency supply of *Beta
    vulgaris* seeds.

Day welcomes them with an announcement in the display window:
kilogram of sugar one-ninety zlotys.

PAŃSTWO P. SNUJĄ FANTAZJE NA TEMAT PRZEPROWADZKI
ALBO O POŻYTKACH I SZKODLIWOŚCI HISTORII DLA ŻYCIA

Nowe budownictwo – jak ono, biedne, pomieści
nasze stare jak świat problemy.
Ledwie dojrzeliśmy do regularnej pracy,
trzeźwości i patriotyzmu, a już nasze dzieci
odkrywają dla siebie najgłębsze rozterki,
leżą całymi dniami na kanapie
i wpatrują się w sufit, jakby to było okno
z dramatu Przybyszewskiego. (*Śnieg*,
jeśli dobrze zapamiętali. Mała czerwona książeczka.)

Trzeba im w końcu powiedzieć, że z „płetwą"
na głowie i w wędkarskim uniformie moro
reprezentują klasyczne pomieszanie z poplątaniem,
i nie o to chodzi, że jesteśmy konserwatywni.
Trzeba im wbić do głowy, że wspólne obejrzenie
South Parku nie unieważnia obowiązku szkolnego,
a trampki zimą to ciągle temat bardziej
dla internisty niż kreatora mody,
choć link do strony „Global Warming,
the Numbers" z pewnością warto zapisać.

Patrzymy na nie z przerażeniem.
Potem na siebie. I znowu na nie.
(Na tym przejściu naprawdę trzeba uważać.)
Jeżeli nawet nie są takie same jak my
przed dwudziestu laty, to w gruncie rzeczy podobne,
a głośna teza o przepaści między pokoleniami
to zwykła propaganda, po którą obie strony
sięgają z równym upodobaniem.
Więc chyba z tego wyjdą. Dzieci. Prędzej czy później.
Albo na krętej ścieżce samopoznania
czeka nas jeszcze jedna przykra niespodzianka.

Stare budownictwo – jak ono, biedne, pomieści
nasze wiecznie młode problemy.

MR. AND MRS. P. FANTASIZE ABOUT MOVING
OR ON THE ADVANTAGE AND DISADVANTAGE OF HISTORY FOR LIFE

New architecture—how will it manage, poor thing, to house
our age-old problems.
We've barely matured for regular employment,
sobriety and patriotism, and now our children
discover for themselves the deepest dilemmas,
lie on the couch all day
and stare at the ceiling, as if it were the window
from Przybyszewski's play. (*Snow*,
if they remember correctly. A little red book.)

Time to tell them at last that with "the fin"
on the head and wearing an angler's fatigues
they represent a classic tangled mess,
and it's not that we're conservative.
Time to drive it home that getting together and watching
South Park doesn't invalidate compulsory education,
and sneakers in winter is still more a topic
for the internist than a fashion designer,
although the link to the "Global Warming,
The Numbers" site is certainly worth bookmarking.

We look at them with horror.
Then at each other. And again at them.
(This crossing really does require caution.)
Even if they're not the same as us
twenty years ago, they're still basically similar,
and the loud thesis about the gap between generations
is simple propaganda, for which both sides
reach with equal relish.
So maybe they'll grow out of it. Children. Sooner or later.
Or maybe the winding path of self-analysis
holds another unpleasant surprise for us.

Old architecture—how will it manage, poor thing, to house
our eternally young problems.

Lato państwa P.

Z południa na północ,
ze wschodu na zachód, i tak dalej.
Właściwie w każdym kierunku. Wszystko
się przemieszcza, jedno w dzień, drugie w nocy.

Zaczęło się niewinnie,
a potem nielegalny owoc i pierwsze
pakowanie walizek. Przejście przez Morze Czerwone,
wędrówki ludów, w świetle, pod osłoną.

Go west, young man i *One way ticket.*
Diariusz podróżny, powieść drogi.
W końcu tanie linie –
lotnicze i kolejowe.

A oni? Siedzą ciągle na tyłku
jakby przykuci do skały – latarnie morskie,
którym odcięto prąd
za niepłacenie rachunków.
Żółtaczka typu C zagląda do nich przez okno
telewizora i wskazuje palcem wątrobę.

We wrześniu walą się jak dwie wieże,
bo ich przygniotła szkoła. Albo biegają
z pokoju do kuchni, i z powrotem,
on do niej, ona do niego. I czegoś od siebie chcą,

ale nie biorą wszystkiego,
by było po co wracać.

SUMMER OF MR. AND MRS. P.

From south to north,
east to west, and so on.
In every direction, actually. Everything
moves, one thing during the day, the other at night.

It started innocently,
then the forbidden fruit and the first
packing of suitcases. A crossing of the Red Sea,
human migrations, in broad daylight, under cover of darkness.

Go west, young man and *One-way ticket.*
A travel diary, a road novel.
Eventually, low cost carriers—
airlines and railways.

And they? They're sitting still on their butts,
as if chained to a rock—lighthouses
whose power's been cut off
for nonpayment of bills.
Hepatitis C looks in on them through the window
of the TV and points a finger at their liver.

In September, they topple over like the two towers,
overwhelmed by the new school year. Or they run
from the room to the kitchen, and back,
he to her, she to him. And they want something from each other,

but do not take everything,
just to have something to return to.

Odwilż

Odwilż. Oazy zgniłej trawy, betonu; kałuże.
Brudny bałwan w ogrodzie sąsiada. Przed domem
sam sąsiad: cień w drelichu nadgryziony przez żonę,
trójkę dzieci, mole i wódę.

Którędy? Wczorajsze ślady zamienione w bajora.
Gawron obchodzi kompost – szuka przejścia
na cieplejszą stronę, nakłuwając podejrzane miejsca.
Wilgotna cela kładzie się na ramionach

i karku. Żadnych zgrzytów: nagłego blasku, ruchu.
Powolne gesty gałęzi i ciężko, tuż nad szczytami akacji
zwieszone chmury, dopełniają jedynie molowej tonacji.
Stan po wylewie nostalgii do mózgu.

THAW

Thaw. Oasis of rotten grass, of concrete; puddles.
A dirty snowman in the neighbor's garden. In front of the house,
the neighbor himself: a shadow in overalls, chewed up by his wife,
three children, moths and booze.

Which way? Yesterday's footprints have turned into ponds.
A rook strolls around the compost—seeking a passage
to the warmer side, pecking at suspicious spots.
The wet cell sets on the shoulders

and neck. No glitches: sudden flash, motion.
The slow gestures of branches and, just above the acacia's peak,
heavily hanging clouds only complete the minor key.
The condition after a stroke of nostalgia in the brain.

Hydrant stoi przy Lachowickiej

jak posąg chłopca w berecie, z utrąconymi rękami.
Ubiegłoroczna trawa schnie, wzrasta w spętane kolana i

słychać, jak trzeszczą nici rdzawego mundurka. Szczeliny
zielonookie w ulicy, szumy w głębi kanałów; nieco przejęci tkwimy

tutaj, czekając na transmisję, drzwi w kuchni mamy uchylone –
stacja wzmacniania nęcących odgłosów. W tamtą stronę

poszedł dziś transport resztek w worku z folii –
po posiłkach, po rannym rytuale pustym, pełnym woni

pasty do zębów i kawy. Innym, ciągle adresowanym od nowa,
wkrótce będziemy już sami: ty, ja, kilka toreb, pokurczona mowa.

THE HYDRANT ON LACHOWICKA STREET

like a statue of a boy in a beret, with hands chopped off.
Last year's grass dries out, grows into the hobbled knees and

you can hear the threads of the rusty uniform creaking. Green-
eyed cracks in the street, the humming in the depths of the sewers;
    slightly moved by it,

we're stuck here, waiting for transmission, the kitchen door's ajar—
the amplifying station of tempting sounds. A plastic bag

of leftovers was shipped in that direction today—
after meals, after the empty morning ritual, full of the aroma

of toothpaste and coffee. Another shipment, addressed anew each time,
will consist of us: you, me, a few bags, shrunken speech.

PTASIA PIOSENKA

Pewnie gnieździ się tutaj kilkadziesiąt gatunków,
a ja mogę być pewny wróbli, szpaków, mazurków.
I sroki, która o pamięć występuje równie
systematycznie, co kogut z sąsiedztwa.

Czasami głos kukułki, choć tutaj o gnieździe
nie może być mowy. Zimą popiskiwania
sikor i spacer mające w ciemnej krwi gawrony,
na chwilę wpadają szczygły żółtym stadem.

Nie mogę przyporządkować żadnej z odmian
drozda, bywającego w koronie jabłoni.
Z gołębi grzywacze i szare sierpówki,
wróble w gołębim rodzie, prawie zawsze w parze,

ich gniazdo najgorzej świadczy o ich charakterze –
pomnik prowizorii. Są ślady po sowie,
widuję rudzika i czasami pliszkę.
Wypada się domyślać na polach za siatką

bażantów i kuropatw. Skowronek jest pewny.

Bird Song

Looks like dozens of species nest in here,
but I can only be sure of starlings, house and tree sparrows.
And of a magpie that asks to be remembered as
regularly as the rooster next door.

Sometimes a cuckoo's voice, although there's no question
of a nest here. In winter, twittering
of chickadees, and a walk, which the rooks have in their dark blood,
a yellow flock of goldfinches dropping by momentarily.

I can't determine the variety
of the thrush that turns up in the apple tree's crown.
Among the pigeons there are the wood pigeon and the turtle dove,
the sparrows of the pigeon tribe, almost always in twos,

their nest shows the worst of their character—
a monument to the makeshift. There are traces of an owl,
occasionally I see a robin and sometimes a wagtail.
It's fitting to speculate on the presence in the fields beyond the fence

of pheasants and partridges. A lark for sure.

Osy

znalazły otwór w słupie
zdymisjonowanym przy naprawie płotu

i huczy stamtąd, jakby spawały,
obsługiwały dźwig.

Nasz introwertyk przychodzi tu sikać.
Czy zbroić pocisk nie trzeba by ciszej?

WASPS

found a hole in the pole
deposed when the fence was under repair

and they roar in there, as if welding,
operating a crane.

Our introvert comes to pee here.
Shouldn't the arming of a missile be done more quietly?

JAK ZEJŚĆ PO SCHODACH

Jak zejść po schodach
starszy o niepojęty świergot dzwonka,
o kartkę, którą zostawiam w drzwiach?

W obcym domu poręcze
odwracają się do mnie plecami.

HOW DOES ONE GO DOWN THE STAIRS

How does one go down the stairs,
older now with the unanswered door buzzer,
the note left in the door?

In a strange house the handrails
turn their backs to me.

WIELKI CZWARTEK

W pawilonie kierowców zdjęto firany z okien
i zaraz tam ucichło. Jak w zarażonym ulu,

trutnie wyjęły papierosy z filtrem,
królowa wdycha tlen zgięta nad aparatem.

Muszą się nas domyślać; w autobusie jest ciemno
i sami się prawie nie widzimy,

jak w kinie. Któryś – nasz! – sięga nagle po wiszącą
bluzę. Kto pali w sadach wysokie ogniska?

Maundy Thursday

In the drivers' break room someone took down the lace curtains
and suddenly the place fell quiet. Like in an infected hive,

the drones took out filtered cigarettes,
the queen inhales oxygen, bending over the receiver.

They must know we're there; it's dark on the bus
and we can barely see each other,

like at the movies. One of them—ours!—suddenly reaches for the
     sweatshirt
hanging on the peg. Who lights the tall fires in the orchards?

IKARUS

jest wypełniony, ledwie kilku ludzi
w jasnych ubraniach, rozmawiają cicho;
lecz silnik ma temperament i strzępków jest cała
masa topolowego puchu – stąd tyle gwaru i ruchu.

Poluje na te strzępki dziewczyna z niemowlęciem:
oto szczęście, uda mi się nałapać,
to będę szczęśliwa; niechby,
ale nie można tak trząść się

i kiwać na skrzypiącym siedzeniu,
jeść pierdolonych cukierków. Czy muszę
myśleć o każdym połamańcu? Przez chwilę nie widać ziemi,
gdy patrzę za siebie przez szybę – paski błota odpadają od opon

i smuga w powietrzu zostaje, jasna, wśród kasztanowych gałęzi.

THE IKARUS

is packed, only a few people
in bright clothes, talking softly;
but the engine's temperamental and there are scraps
of a whole bunch of poplar fluff—hence so much babble and stirring.

A girl with a baby is grabbing at these scraps:
how lucky, if I can catch a lot,
then I'll be happy; let it be so,
but it's not okay to shake like that

and rock back and forth in the squeaking seat,
or eat the fucking candy. Do I have to
think of every loser? For a moment the ground disappears
as I look through the rear window—strips of mud fall off the tires

and a contrail hangs in the air, luminous, among the chestnut branches.

TONERBRUDZI

Jest teraz więcej pracy i wszyscy zostają dłużej,
niż to określa umowa. Kolejka wydruku jest pełna
od poniedziałku do piątku. Kawa przestaje pomagać.
W oczach błyskają flesze.

                 No właśnie. W takich momentach
przychodzą do nas umarli. Nasz zamęt im nie przeszkadza,
bo jesteśmy dla nich jak mgiełka, jak dreszcz powietrza.
Wchodzą do boksu szefa akurat w momencie,
gdy kończy się narada i cały dział składu
przeciska się do wyjścia, by zdążyć przed korektą.
Wkładają palec do kawy, bezbłędnie rozpoznając,
które panie słodzą, choć może nie powinny. I nim go zdążą oblizać,
dobiega ich z przyszłości, jakbyśmy to powiedzieli,
chrobot kartki papieru gniecionej przez drukarkę.

Kochają być potrzebni. Zbierają się dookoła,
podnoszą palcem wałek i płaską dłonią łagodnie
gładzą pogięty arkusz, jakby ścielili łóżko.
I zaraz stamtąd odchodzą, pewni, że to wystarczy.
A po dziesięciu minutach, po chwili, po tygodniu
z drukarki wyjeżdża strona sto sześćdziesiąta piąta
Zarysu psychologii dla średnich szkół zawodowych
i ciągnie się przez nią smuga. W naszym nieśmiałym języku

mówimy: „Tonerbrudzi!"

TONERSTAINS

There's more work now, and everyone stays longer
than specified in the contract. The printer queue is full
from Monday to Friday. Coffee no longer helps.
Lights flash in the eyes.

                              Exactly. In such moments
the dead come to us. Our confusion doesn't bother them,
for we are like mist to them, like the thrill of air.
They enter the boss's cubicle exactly in the moment
when the meeting ends and the entire typesetting department
squeezes through to the exit, to make it before the proofreaders.
They dip a finger in the coffee, correctly recognizing
which ladies use sugar, though perhaps they shouldn't. And before they
    can lick it,
the future, as we would put it, hits them with
the grating sound of paper crumpling in the printer.

They love to be needed. They gather around,
use their finger to lift the roller and with a flat hand gently
smooth out the creased sheet, as if they were making a bed.
And then they just leave, sure that that will suffice.
But after ten minutes, a moment, a week
the printer spits out page one hundred and sixty-five
of *An Outline of Psychology for Trade Schools*
with a black streak down the middle. In our timid language

we say: "Tonerstains."

O RZECZACH I LUDZIACH

Antropomorfizacja ma swoje sposoby,
aby nie wypaść z obiegu. O piątej trzydzieści
spokój rzeczy w mieszkaniu działa na wyobraźnię.
Wypoczęte po nocy, gotowe do współpracy,
niepomne urazów z poprzedniego dnia,
fizycznych i psychicznych, wyciągają do nas
ergonomiczną rękojeść, oferują oparcie plecom,
wzdychając z zadowolenia, gdy poczują ich ciężar.

A z drugiej strony człowiek, taki rzeczowy.
Wszystko by brał do ręki od rana do wieczora
albo podnosił dźwigiem. Pod mikroskopem
życie staje na rzęskach, aby mu się wymknąć,
ale on wie swoje, wie tyle, ile się dowiedział
od oka i szkiełka, chyba utkwionego w sercu.
I choćby mu przejechał pod obiektywem pociąg,
zobaczyłby tam tylko segmenty komórek.

Nowak pluje w dłonie i chwyta za szpadel,
ja wyprowadzam rower za jego plecami
i dobijam do kumpli. Jeden organizm złożony
z narzędzi, prostych mechanizmów i czysto ludzkich
pragnień odpowiednich do wieku. Raz serce
było po właściwej stronie, choć trochę za duże
jak na lichą ramę. Zerwało się z łańcucha
i potoczyło do rowu, gdzie pochlipuje do dzisiaj.

OF THINGS AND PEOPLE

Anthropomorphization has its ways
of not falling out of circulation. At five-thirty
the calm of things in the apartment works on the imagination.
Having rested through the night, ready to cooperate,
oblivious to the previous day's injuries,
physical and mental, they reach out to us
with an ergonomic handle, offer to support our backs,
sighing in contentment, when they feel our weight.

A man, on the other hand—so objective.
From dawn to dusk he'd take everything into his hands
or lift it with a crane. Under the microscope
life stands on tiptoes, just to escape him,
but he knows better, knows as much as he learned
from the eye and the glass slide, lodged in the heart.
And even if a train ran before the lens,
he'd only notice segments of the cells.

Nowak spits on his hands and grabs the shovel,
I walk out with my bike behind his back
and dock up to my friends. One organism composed
of tools, simple mechanisms and purely human,
age-appropriate desires. Once, the heart
was on the right side, although a little too big
for the flimsy frame. It broke free from the chain
and rolled into a ditch, where it snivels to this day.

LAMENT ŚWIĘTOKRZYSKI

Zapewne pamiętają państwo,
dwie sympatyczne pszczoły, Maja i Gucio;
mieszkaliśmy w domu, do którego strzegły dostępu:
jakieś metr siedemdziesiąt każda, z gruba ciosane czułki
wbite w drewniany łeb, but przynajmniej czterdzieści cztery.

Za oknem kępa kwiatów w różnych fazach kwitnienia,
bez względu na porę dnia i pogodę rezydowały tam cztery motyle.
W nocy łopot kosmatych skrzydeł budził psa; wył ze strachu
i biegał dokoła budy, dzwoniąc łańcuchem,
biedaczysko. To motyle nocne.

Oczywiście muchy i oczywiście komary. Także mole.
Ale co tak będziemy siedzieć w domu, w wakacje, i czekać,
aż zjedzą nasze ubrania i popiją naszą krwią,
i złożą jajka w naszych teoretycznych ciałach.

W autobusie mieszały się zapachy
kiełbasy i spalin, pot ciekł z nas strumieniami
i marzyliśmy o odrodzeniu duchowym przez kontakt z naturą
w rezerwacie na Chełmowej Górze. O przydrożnym kamieniu
i górskim potoku. Czy nasz brat kiełż pozwoli
napić nam się wody z zimnego potoku?
Czy nasza siostra jaszczurka ustąpi nam miejsca,
czy nie zrobimy krzywdy jej kuzynce traszce ukrytej pod kamieniem?

Och, nie zrobimy im krzywdy,
krzyk nie jest wbrew naturze i bieg w dół po stoku
z głową w obłoku muszek, gęstym i chemicznym.
Nasze powieki mrugają bezwiednie
i bąble bez pytania wyskakują na łydkach
zatruwanych kwasem przez szwadrony mrówek.

Holy Cross Lament

You must surely remember, ladies and gentlemen,
the two friendly bees, Maja and Gucio;
we lived in a house where they guarded the entry:
approximately five-nine each, with roughly hewn antennae
driven into their wooden heads, and a shoe size of at least ten-and-a-half.

Outside, a clump of flowers in different stages of flowering,
regardless of the time of day or weather four butterflies resided there.
At night, the hairy flapping of wings would wake the dog; it howled in fear
and ran around the kennel, clanging its chain,
poor fellow. They were night butterflies.

Flies, of course, and mosquitoes, of course. Also moles.
But why should we sit at home, during summer, and wait
for them to eat our clothes and drink our blood,
and lay their eggs in our theoretical bodies.

Scents mingled on the bus,
of sausage and exhaust, streams of sweat poured out of us
and we dreamt of spiritual rebirth through contact with nature
at the reserve on Mount Chełmowa. Of a roadside stone
and a mountain stream. Will our brother Gammarus allow
us to drink water from the cold brook?
Will our sister lizard give up her place for us,
won't we harm her cousin newt, hidden under a rock?

Oh, we won't harm them,
yelling is not against nature, nor is running down the slope
with your head in a cloud of flies, dense and chemical.
Our eyes blink involuntarily
and bubbles pop up, without asking, on our calves,
poisoned with acid by squads of ants.

ZIEMSKIE PRZYJEMNOŚCI

Lodówka w upały, działająca

Zielone oczy kota, oaza spokoju
podczas remontu ciągnącego się po horyzont

Trzymiesięczne buty ze skóry, bardzo mocne

Próżnia większego miasta, wszystkim odejmująca po równo

Pokój w większym mieście, samodzielny

Kawa za wcześnie rano
i druga wieczorem, po zbyt późnym obiedzie

Powrót z większego miasta, nocą, po tygodniu pracy

Poniemiecka strzelistość miasteczka W
po ruskich pierogach miasteczek X, Y i Z

Cień w oknie na przedmieściach miasta mniejszego
żeński, od pasa w górę

Ból w mięśniach po wysiłku
lepszy od bólu po niczym

Prysznic po podróży

Zgodni ludzie po ludziach kłótliwych

Po ludziach niepewnych ludzie zdecydowani,
ale nie na wszystko

Na wszystko dobry sen

Dużo książek, różnych

Earthly Delights

A refrigerator in hot weather, working

The green eyes of a cat, an oasis of calm
during a renovation that stretches to the horizon

Three-month-old leather shoes, very solid

The vacuum of the bigger city, taking away equally from all

A room in the bigger city, private

Coffee too early in the morning
and another in the evening, after a dinner too late

The return from the bigger city, at night, after a week of work

The post-German slenderness of small town W
after the Russian pierogies of small towns X, Y and Z

A shadow in a window on the outskirts of the smaller city—
a woman's, from the waist up

Pain in the muscles after exertion
better than pain after nothing

Shower after traveling

Agreeable people after quarreling people

After indecisive people, people that are ready
but not for anything

A good night's sleep for anything, even death

Lots of books, various

Funkcja rejestruj zmiany w edytorze tekstu

Poczta elektroniczna

Google, Ling i Wikipedia

Niedrogie stałe łącze
Moda na hula-hoop po modzie na hip-hop
pomiędzy blokami

Stary gangster łożący na kulturę

Świat wspólny, wedle uznania

The Track Changes feature in a text editor

Email

Google, Ling, and Wikipedia

An inexpensive high-speed connection
A fad for Hula-Hoops after a fad for hip-hop
between apartment blocks

An old gangster supporting culture

The world shared, at one's discretion

"Chinese Zodiac": *Our Old Nag* and *Baldy from Ida's Mine* are classics of Polish working-class literature, in which horses play central roles. *Karino* is a popular Polish family film about a racing horse. "The sheep . . . carrying the hare" alludes to a Polish fable by Ignacy Krasicki (1735–1801), in which a sheep refuses to carry a hare to safety.

"Alphabet of Mr. P.: The Ethos of Reading": this poem alludes to Julian Tuwim's (1894–1953) children's classic *Abecadło* (*The ABC*):

> The ABC dropped out the oven,
> Banged against the ground,
> Broke in little pieces,
> Scattered all around:
> I has lost its dot;
> H shattered its rung;
> B cracked its belly pots;
> A – its feet were wrung;
> O popped like a balloon
> and scared the pants off P;
> T – its roof is gone;
> L jumped up like V;
> S is not so curvy;
> R has snapped its stem;
> W went topsy-turvy,
> pretending to be M.
>
> (tr. Boris Dralyuk)

"Alphabet of Mrs. P.: Table": "From the Diary of a Poznań Tutor" (1880) is a short story by the Polish Nobel laureate Henryk Sienkiewicz (1846–1916), in a which an eleven-year-old Polish student named Michaś is treated cruelly by his German teachers in Poznań—which was then in the Prussian partition—and is eventually expelled from school, contracts menigitis, and dies soon thereafter.

"Mr. and Mrs. P. Fantasize About Moving, or On the Advantage and Disadvantage of History for Life": Stanisław Przybyszewski (1868–1927) was an innovative novelist and Symbolist playwright of Polish origin, who wrote in both Polish and German. His play *Snow* (1903), like most of his dramas, explores the lusts and passions of "decadent" characters, and brims with intimations of suicide and death.

"The Ikarus": Ikarus is a make of a bus.

"Holy Cross Lament": *Maya the Honey Bee* (1975), a Japanese animated television series based on Waldemar Bonsels's 1912 book *Die Biene Maja*, was immensely popular in Poland and other Eastern European countries. In the English version, Maja and her friend Gucio are named Maya and Willy.

Acknowledgments

Grateful acknowledgment is made to the editors of the publications in which the following poems, sometimes in earlier versions, first appeared:

Hanging Loose Magazine: "Wasps," "How Does One Go Down the Stairs";
Harvard Review: "Of Things and People";
Molossus: "From the Ground Floor," "Chinese Zodiac," "The Ikarus";
New Orleans Review: "Wynton Marsalis and the Boston Symphony Orchestra Under the Direction of Seiji Ozawa on the French Music Station 'Mezzo'," "Thaw," "Tonerstains," "Earthly Delights";
The New Yorker: "Monster."

Our translations are based on the original Polish versions the poet published in the collection *O rzeczach i ludziach: 1991–2010* (Wrocław: Biuro Literackie, 2011). We have consulted Dariusz Sośnicki throughout the process of translating his work, and are grateful to him for embracing this project from the very beginning. We also wish to thank Craig Morgan Teicher and Stephen Yenser for their support.

Special thanks to Peter Conners and the entire BOA Editions family for their careful attention to the crafting of this book, as well as to the Lannan Foundation for their support of translated literature.

About the Author

Dariusz Sośnicki (b. 1969, in Kalisz) is a poet, essayist, and editor. He graduated from Adam Mickiewicz University in Poznań with a degree in Philosophy. He was co-editor of the art-zine *Już Jest Jutro* (1991–1994) and co-founder and co-editor of the influential Polish literary biweekly *Nowy Nurt* (1994–1996). In 1994 he published the collection of poems *Marlewo*, which received the best first book award from the magazine *Czas Kultury*. In 2001, he participated in the International Writing Program at the University of Iowa. The following year, his fourth collection of poems *Symmetry* was shortlisted for *Polityka* Passport and received the New Books Review Prize. Sośnicki's poems and literary essays have been published in many magazines and anthologies, in both Polish and in translation. Between 2005 and 2013 he worked at W.A.B. Publishing House as an editor of Polish contemporary fiction. He lives in Poznań.

Piotr Florczyk is a poet, essayist, and translator of *The Day He's Gone: Poems 1990–2013* by Paweł Marcinkiewicz (Spuyten Duyvil, 2014), *Froth: Poems* by Jarosław Mikołajewski (Calypso Editions, 2013), *The Folding Star and Other Poems* by Jacek Gutorow (BOA Editions, 2012), *Building the Barricade and Other Poems of Anna Swir* (Calypso Editions, 2011), and *Been and Gone: Poems of Julian Kornhauser* (Marick Press, 2009). He has taught at University of California-Riverside, University of Delaware, San Diego State University, and University of San Diego. He lives in Santa Monica, California.

Boris Dralyuk holds a PhD in Slavic Languages and Literatures from UCLA. He is the translator of Leo Tolstoy's *How Much Land Does a Man Need* (Calypso Editions, 2010), *A Slap in the Face: Four Russian Futurist Manifestos* (Insert Blanc Press, 2013), and Anton Chekhov's *Little Trilogy* (Calypso Editions, 2014), and co-translator of Polina Barskova's *The Zoo in Winter: Selected Poems* (Melville House, 2011). He is also the co-editor, with Robert Chandler and Irina Mashinski, of the forthcoming *Anthology of Russian Poetry from Pushkin to Brodsky* (Penguin Classics, 2015). He received First Prize in the 2011 Compass Translation Award competition, and, with Irina Mashinski, First Prize in the 2012 Joseph Brodsky/Stephen Spender Translation Prize competition.

For more on the Lannan Translations Selection Series
visit our website:
www.boaeditions.org

Printed in the USA
CPSIA information can be obtained
at www.ICGtesting.com
JSHW082222140824
68134JS00015B/674

9 781938 160349